BEI GRIN MACHT SICH IHR WISSEN BEZAHLT

- Wir veröffentlichen Ihre Hausarbeit,
  Bachelor- und Masterarbeit

- Ihr eigenes eBook und Buch -
  weltweit in allen wichtigen Shops

- Verdienen Sie an jedem Verkauf

Jetzt bei www.GRIN.com hochladen und kostenlos publizieren

Clara Weyhenmeyer

Online-bezogene Ansätze der Erfolgskontrolle integrierter Kommunikation

GRIN Verlag

Bibliografische Information der Deutschen Nationalbibliothek:

Die Deutsche Bibliothek verzeichnet diese Publikation in der Deutschen National-
bibliografie; detaillierte bibliografische Daten sind im Internet über http://dnb.d-
nb.de/ abrufbar.

Impressum:

Copyright © 2013 GRIN Verlag GmbH
Druck und Bindung: Books on Demand GmbH, Norderstedt Germany
ISBN: 978-3-656-76984-2

GRIN - Your knowledge has value

Der GRIN Verlag publiziert seit 1998 wissenschaftliche Arbeiten von Studenten, Hochschullehrern und anderen Akademikern als eBook und gedrucktes Buch. Die Verlagswebsite www.grin.com ist die ideale Plattform zur Veröffentlichung von Hausarbeiten, Abschlussarbeiten, wissenschaftlichen Aufsätzen, Dissertationen und Fachbüchern.

Besuchen Sie uns im Internet:

http://www.grin.com/

http://www.facebook.com/grincom

http://www.twitter.com/grin_com

Universität Kassel

Fachbereich: Wirtschaftswissenschaften

Studiengang: Kommunikationsmanagement und Dialogmarketing

Wintersemester 2013/2014

Online-bezogene Ansätze der Erfolgsmessung Integrierter Kommunikation

Essay zum Abgabedatum: 20. Dezember 2013

Inhaltsverzeichnis

1 Relevanz und Herausforderung des Themas

Die heutige Unternehmens- und Marktkommunikation ist vor allem von der Komplexität und Beschleunigung der Technologie sowie den Marktveränderungen beeinflusst. In Zahlen ausgedrückt bedeutet dies: 2.000.000 Google-Anfragen pro Minute, 41.000 Facebook-Posts pro Sekunde oder auch 571 neue Websites pro Minute.[1] Fast jedes zweite Unternehmen schaltet mittlerweile Online-Kommunikation. Hierbei nutzen jedoch lediglich 10 Prozent der deutschen Unternehmen kanalübergreifende integrierte Kommunikationsstrategien.[2] Neben dieser Nachlässigkeit wird aktuell zumeist auf eine systematische Erfolgsmessung, über die subjektive Wahrnehmung und Feedback–prozesse hinaus, verzichtet.[3]

Laut *Bruhn* ist integrierte Kommunikation

> „[...] ein Prozess der Analyse, Planung, Organisation, Durchführung und Kontrolle, der darauf ausgerichtet ist, aus den differenzierten Quellen der internen und externen Kommunikation von Unternehmen eine Einheit herzustellen, um ein für Zielgruppen der Kommunikation konsistentes Erscheinungsbild über das Unternehmen bzw. ein Bezugsobjekt des Unternehmens zu vermitteln."[4]

Ziel ist hierbei, die inhaltliche[5], formale[6] und zeitlich[7] integrierte Abstimmung der Kommunikationsmaßnahmen zu vereinheitlichen und deren Wirkung somit zu verstärken.[8] Integriert werden können sowohl Online-, als auch Offline-Kanäle. Aufgrund der Themenstellung dieses Essays, wird der Fokus jedoch auf die Integration verschiedener Online-Kanäle gelegt.

Hinsichtlich der beschriebenen Kommunikations-Entwicklung, sind vor allem die folgenden fünf Markt- und Kommunikationsentwicklungen zu nennen, welche integrierte Online-Kommunikation und deren Erfolgskontrolle notwendig machen: Gesättigte Märkte, Angebotsinflation, Informationsüberlastung, sinkendes Informationsinteresse sowie zu-nehmende Bevorzugung der Bildkommunikation.[9]

Durch integrierte Kanäle und Inhalte können Streuverluste aufgefangen, Informationen veranschaulicht und Synergieeffekte trotz der beschriebenen Entwicklungen erzielt werden.[10] Wichtig ist bei der Integration von Kommunikation, wie durch *Bruhn* definiert, dass diese hinsichtlich ihrer Effizienz anschließend auch kontrolliert wird.[11] Nur so können Ressourcen optimal eingesetzt, die individuellen Kommunikationsbedürfnisse der

---

[1] Vgl. Virtual Identity AG (2013b), S. 1-3.
[2] Vgl, Virtual Identity AG (2013a).
[3] Vgl. Daidrich (2013).
[4] Bruhn (2009), S. 516.
[5] "[...] sämtliche Aktivitäten, die die Kommunikationsinstrumente und -mittel thematisch durch die Verbindungslinien miteinander abstimmen und damit im Hinblick auf die zentralen Kommunikationsziele ein einheitliches Erscheinungsbild vermitteln." Bruhn (2009), S. 80.
[6] „[...] sämtliche Aktivitäten, die die Kommunikationsinstrumente und -mittel durch Gestaltungsprinzipien miteinander verbinden und damit im Hinblick auf die zentrale Kommunikationsziele eine einheitliche Form des Erscheinungsbild vermitteln." Bruhn (2009), S. 83.
[7] „[...] sämtliche Aktivitäten, die den Einsatz der Kommunikationsinstrumente und -mittel innerhalb sowie zwischen verschiedenen Planungsperioden aufeinander abstimmen und damit im Hinblick auf die zentralen Kommunikationsziele die Wahrnehmung eines einheitlichen Erscheinungsbildes verstärken." Bruhn (2009), S. 86.
[8] Vgl. Fischer (2006), S. 22.
[9] Vgl. Esch (2011), S. 2.
[10] Vgl. Esch (2001a), S. 601.
[11] Vgl. Bruhn; Stumpf(2010), S. 2.

Anspruchsgruppen bedient und auf Markt- und Kommunikationsentwicklungen reagiert werden.[12] Die Messung des Erfolgs eines solchen integrierten Konzepts gestaltet sich jedoch auf Grund folgender Kernprobleme integrierter Kommunikation schwierig:[13]

- *Wirkungsinterdependenzen*
  Bestehen Wirkungsdependenzen zwischen den einzelnen Instrumenten der integrierten Kommunikation, welche sich gegenseitig positiv beeinflussen, erschwert dies die Erfolgskontrolle.
- *Wirkungszurechenbarkeit*
  Basierend auf den Wirkungsdependenzen können Maßnahmen mit hohem Integrationspotenzial nur schwer voneinander getrennt betrachtet und gemessen werden.

Daraus ergibt sich ein Dilemma der Erfolgsmessung integrierter Kommunikation, da sich die Messung des Erfolgs schwieriger gestaltet, je stärker die einzelnen Maßnahmen integriert werden.[14]

Wie beschrieben gewinnen Online-Instrumente zunehmend Interesse vieler Unternehmen. Bislang gibt es jedoch nur unzureichende Forschungsergebnisse im Bereich der Erfolgsmessung integrierter Online-Kommunikation.[15] Daher wird dieses Essay im Folgenden die Charakteristika integrierter Online-Kommunikation und deren Einfluss auf Erfolgsgrößen und -kennzahlen vorstellen. Auf Basis dieser theoretischen Grundlage werden anschließend online-bezogene Ansätze der Erfolgsmessung an einem Praxisbeispiel dargestellt, welche die Besonderheiten integrierter Online-Kommunikation berücksichtigen und einen Optimierungsansatz bieten.

2 Charakteristika und Messgrößen integrierter Online-Kommunikation

Durch die Entwicklung des Internets entstanden auch für Unternehmen neue Möglichkeiten, integrierte Kommunikationsbotschaften zu platzieren. Trotz des mittlerweile über 40-jährigen Bestehens des Internets wird dieses in der Fachliteratur häufig noch als neues Medium bezeichnet, welches scheinbar nur schwer greifbar ist.[16] Gemein haben jedoch alle Online-Kanäle, dass das Internet als Hybridmedium der Vermittlung dient.[17] Die Möglichkeiten der Botschaft Platzierung sind dabei weitreichend. Hier gilt, wie auch bei Offline-Kommunikation, dass gerade hinsichtlich der Budgetaufteilung wichtig ist herauszufinden, welche Maßnahmen erfolgreich sind. Hierbei gilt es den Erreichungsgrad zuvor festgesetzter operationalisierter Ziele zu messen, um auf veränderte Bedürfnisse und Ansprüche der Zielgruppen zeitnah reagieren zu können.[18] Online-Kommunikation weist hier einige Merkmale auf, welche diese von Offline-Medien und deren Messung unterscheiden.

---

[12] Vgl. Bruhn (2006), S 2.
[13] Im Folgenden: Vgl. Bruhn (2009), S. 297-302.
[14] Vgl. Bruhn (2005), S. 13.
[15] Vgl. Bruhn; Stumpf (2008), S. 14.
[16] Vgl. Beck (2010), S. 16.
[17] Vgl. Beck (2010), S. 21.
[18] Vgl. Daidrich (2013).

Charakteristika: Ein entscheidender Unterschied der meisten Online-, gegenüber der Offline-Kommunikationskanäle stellt die *Interaktivität* des Rezipienten mit dem Medium dar.[19] Anders als bei den klassischen Kommunikationsmedien kann hier auf die Handlungen des Nutzers reagiert werden. Dies macht zum einen die Messung der Aktivität komplexer, lässt jedoch zum anderen auch eine *Individualisierung* der Kommunikation zu. So können über Tools und Database-Management Systeme zugeschnittene Werbebotschaften effizient beim Konsumenten platziert werden. Überdies spielt die *Aktualität* der Online-Kanäle eine große Rolle, hinsichtlich der Erwartungshaltung der Konsumenten. Prinzipiell können Nutzer und Anbieter zeit- und ortunabhängig auf die Kommunikationskanäle zugreifen. Dies bedeutet jedoch auch, dass die Konsumenten eine ständige aktuelle Aufbereitung der Botschaft erwarten. Ein weiteres Merkmal der Online-Kommunikation stellt die *Vernetzung* dar.[20] Anbieter haben die Möglichkeit, ihre Kanäle miteinander zu vernetzen, um eine möglichst große Verbreitung ihrer integrierten Botschaft zu erreichen. Die Konsumenten wiederum haben die Möglichkeit interessante Botschaften oder gelungene Werbemaßnahmen an Freunde, Bekannte oder Familie weiterzuleiten und diese so zu vernetzen. Dieser Vorteil der Botschaftsverbreitung erschwert jedoch ebenfalls die Erfolgsmessung eines einzelnen Kanals.[21]

Hieraus ergeben sich vier Charakteristika, welchen ein Messinstrument gerecht werden muss. So muss dieses zum einen die *Interaktivität* und *Vernetzung* des Kunden mit entsprechenden Größen messen können. Zum anderen sollte das Messinstrument aber auch, hinsichtlich der *Aktualität* und *Individualisierung* die Möglichkeit der direkten Optimierung bei einem analysierten Verbesserungsbedarf bieten.[22]

Messgrößen: Dementsprechend variieren auch die Messgrößen. Es müssen Größen gewählt werden, welche die Interaktivität des Kunden messen und die Erfolge trotz der Vernetzung zuordnen und gewichten können. So ist vor allem die *Klick und Konversionsrate* zu nennen, welche die genannten Aspekte berücksichtigen.

Klickrate: Die Klickrate beschreibt das Verhältnis der Klickanzahl auf Online-Kommunikationsmittel, im Verhältnis zur Anzahl der Werbemittelanzeige. Ziel jedes Online-Werbemittels, ist eine möglichst hohe Klickrate zu erzielen. Dies verlangt, eine individuell angepasste und aktuelle Gestaltung der integrierten Kommunikationsbotschaft, die den Rezipienten dazu veranlasst, den Banner anzuklicken, um weitere Informationen zu erhalten.[23] Die alleinige Klickanzahl innerhalb einer Internetseite oder auf einen Banner lässt nur wenige Rückschlüsse über die Qualität und somit den Erfolg der Kommunikation zu. Um die Qualität eines Klicks bestimmen zu können, werden diese bezüglich ihres Werts für das Unternehmen differenziert.[24] Die bekanntesten Klicktypen sind hierbei Pay per Click (Provision pro Klick auf Werbemittel), Pay per Lead (Provision pro Kontakt-

---

[19] Vgl. Siegert (2010), S. 442.
[20] Vgl. Siegert (2010), S. 443 f..
[21] Vgl. Kilian; Langner (2010), S. 20.
[22] Vgl. Lee; Park (2007), S. 228.
[23] Vgl. Springer Gabler Verlag (o.J.a).
[24] Vgl. Onlinemarketing-Praxis (o.J.a).

aufnahme des Kunde z.B. durch die Anforderung von Infomaterial), und Pay per Sale (Provision pro Umsatzerzeugung des Kunden).[25]

Konversionsrate: Diese Messgröße baut auf der Klickrate auf und bezeichnet den Prozentsatz der User, die eine nachgelagerte Ebene erreicht und demnach eine Transaktion (Anfrage oder Kauf) ausgeführt haben. Dementsprechend reicht der alleinige Besuch einer Website oder das Anklicken einer Affiliate-Maßnahme nicht aus, um als Konversion bezeichnet zu werden.[26] Ermittelt wird die Konversionsrate, indem die Anzahl der Transaktionen, beispielsweise in Form von Anfragen oder Abschlüssen, durch die Anzahl der Gesamtheit aller Besucher geteilt wird.[27]

Entsprechend dieser Messgrößen und der Charakteristika integrierter Online-Kommunikation werden Messinstrumente benötigt, welche zum einen die Klick- und Konversionsrate einbeziehen und zum anderen einen Optimierungsansatz hinsichtlich der Individualisierung und Aktualisierung der Kommunikation bieten. Daher stellt der folgende Abschnitt online-bezogene Methoden der Erfolgsmessung vor, welche ebendiese Anforderungen erfüllen.

3 Online-bezogene Ansätze der Erfolgsmessung am Beispiel der IntelliAd Media GmbH

Derzeit bieten eine Vielzahl von Anbieter, wie z.B. Google Analytics, Erfolgsmessungen integrierter Online-Kommunikation an.[28] Diese konzentrieren sich jedoch zumeist lediglich auf das Auswerten der Aktivitäten und nicht auf die daraus resultierenden Verbesserungsoptionen für ihre Kunden – anders die IntelliAd Media GmbH. Der neutrale Technologieanbieter offeriert diverse online-bezogene Ansätze der Erfolgsmessung und ist vor allem auf die anschließende Optimierung der Online-Kanäle spezialisiert.[29] Aufgrund ihrer Relevanz für dieses Essay, werden im Folgenden die Mess- und Steuerungswerkzeuge „Multichannel-Tracking", „Attributions-Modell", „Bid-Management" und „User-Centered-Advertising" vorgestellt.

Multichannel-Tracking: Das Multichannel-Tracking[30] bietet die Möglichkeit, nachträglich die Erfolgstransaktionen aller eingesetzter Online-Kanälen zu bewerten. Hierbei werden der Weg der Konversion, die Klickanzahl und der Umsatz der Nutzer den entsprechenden Kanälen zugeordnet. Gerade durch die Vernetzung stark integrierter Online-Kanäle gelingt die Zuweisung von Klicks und Konversions vielen Messinstrumenten nicht. Durch den Einsatz von Cookie-Weichen[31] schafft es das Multichannel-Tracking jedoch auszuwerten, welchen Anteil der Konversion, welchem Kanal zugeordnet werden muss. So wird

---

[25] Vgl. Kester (2006), S. 40-45.
[26] Vgl. Springer Gabler Verlag (o.J.b).
[27] Vgl. Neue Mediengesellschaft Ulm mbH (2013).
[28] siehe hierzu: www.google.de/analytics
[29] Vgl. Intelli AD Media GmbH (2013b).
[30] Unter Tracking wird hier das Protokollieren der Nutzer-Aktivitäten im Internet verstanden. Siehe hierzu : Brengelmann Online Marketing (2013).
[31] Cookie Weichen sind die technischen Werkzeuge, um Verkäufe und Umsätze den entsprechenden Online-Kanälen zuzuordnen. Grundlage ist hier ein regelbasiertes Konversions Tracking. Details hierzu: Vgl. Projecter GmbH (2013).

eine transparente Abrechnungsgrundlage geschaffen, welche Mehrfachvergütungen der Klicks bei den Affiliate-Partnern vorbeugt und die Basis für Attributions-Modelle bildet.[32]

Attributions-Modelle: Attributions-Modelle können, auf Basis von Multichannel-Tracking, Erfolgsereignissen einzelnen Kanälen oder Kampagnen zurechnen. Anders jedoch als bei Multichannel-Tracking Werkzeugen, werden diese Erkenntnisse weiter aufbereitet und zur Optimierung zukünftiger Budgetverteilungen genutzt.[33] Zunächst werden eine Kampagne und die dazugehörigen Online-Werbemittel erstellt. Anschließend wird jedes einzelne Zusammentreffen des Nutzers mit der Botschaft erfasst. Im Fall der Attributions-Modelle wird die gesamte Customer-Journey[34] verfolgt, analysiert und die einzelnen Berührungs-punkte mit den Kommunikations-Kanälen hinsichtlich ihrer Bedeutung gewichtet.[35] Je mehr Klicks ein Kunde zwischen Wahrnehmung eines Produkts bis zu dessen Kauf benötigt, desto bedeutsamer ist dieses zumeist auch für den Kunden.[36] Auf Basis dessen kann anschließend der Wertschöpfungsbeitrag jedes Kanals ermittelt und die Grundlage zukünftiger Budgetverteilung gebildet werden.[37]

Die zuvor beschriebenen Modelle messen den Erfolg von Kanälen und Botschaften auf bekannte Weise. Sie werden nach ihrem Einsatz einzeln analysiert und bewertet. Die folgenden Instrumente wirken einen Schritt zuvor. Hier wird die Botschaft oder der Kanal optimiert, bevor die Online-Kommunikation dem Kunden zugänglich gemacht wird. Das bedeutet die Erfolgskontrolle geschieht noch vor dem eigentlichen Einsatz. So werden die verschiedenen Möglichkeiten der Kommunikation hinsichtlich ihrer Wirkung beim Kunden sowie ihrer Wirtschaftlichkeit einander gegenüber gestellt und die effizienteste Variante gewählt.

Bid-Management (Gebotsmanagement): Bei Bid-Management handelt es sich um ein spezielles Tool, welches im Rahmen des Suchmaschinenmarketings in der Angebots-steuerung Anwendung findet. Es können beliebig viele Suchbegriffe (Keywords) über verschiedene Anbieter verwaltet und Gebotsänderungen automatisch an Kanäle über-tragen werden. So können Klickpreise der Werbekampagnen für Suchmaschinen auto-matisch geregelt und somit Zeit im Kampagnenmanagement eingespart werden.[38] Dies führt dazu, dass für jedes Keyword das aktuell optimale Gebot ermittelt und im entsprechenden Kanal angepasst wird. Es werden somit möglichst günstige Klicks gekauft und dabei die Qualität der Konversion in den Auswahlprozess einbezogen und gesteigert.[39]

User-Centered-Advertising: User-Centered-Advertising ist ein Real-Time-Bidding[40] Instrument, welches Display und Banner Werbung effizienter gestalten soll. Ähnlich wie

---

[32] Vgl. Intelli AD Media GmbH (o.J.b), S. 2ff..
[33] Vgl. Intelli AD Media GmbH (2013c), S. 5.
[34] Customer-Journey beschreibt den Online-Kaufprozess eines Kunden, vom ersten Wahrnehmen eines Produkts bis zum Kauf. Vgl. IntelliAd Media GmbH (2013a), S. 30.
[35] Vgl. Intelli AD Media GmbH (2013c), S. 4.
[36] Vgl. Rürup (2010), S. 14.
[37] Vgl. Intelli AD Media GmbH (2013a), S. 6-9.
[38] Vgl. Ghose; Yang (2010), S. 24
[39] Vgl. Intelli AD Media GmbH (o.J.a), S. 1 f
[40] "Real-Time-Bidding bezeichnet ein Auktionsverfahren im Onlinemarketing, bei dem Werbungtreibende ein Gebot für eine Werbefläche bieten. Dabei wird eine verfügbare Werbefläche in Echtzeit mit dem Werbemittel des Höchstbietenden bestückt." Onlinemarketing Praxis (o.J.b).

beim Bid-Management, ist das Ziel des User-Centered-Advertising die integrierte Kommunikationsbotschaft möglichst günstig und wirkungsvoll zu platzieren. Allerdings bezieht sich dieses Tool nicht auf Suchmaschinen Keywords, sondern auf Banner und Displays. Vor dem Kampagnenstart werden Gebote abgegeben, entsprechend dem, was das kommunizierendes Unternehmen für einen Banner oder ein Display in den verschiedenen Kanälen ausgeben möchte. Wird das Gebot nicht überboten, so erhält das Unternehmen den gewünschten Werbeplatz. Neben der Gebotsverwaltung wird der relevante Nutzer durch ein eigenes Data-Management-System bewertet und ihm darauf basierend passende online-Werbung zugänglich gemacht. Somit werden individuelle und ausschließlich relevante Werbemittel zu einem optimierten Preis geschaltet. [41]

In der Kombination schaffen es die Instrumente alle Besonderheiten der Online-Kommunikation aufzugreifen und als Optimierungsgrundlage zu nutzen. Die unten stehende Tabelle 1 greift nochmals die Funktionen der beschriebenen Instrumente auf und verdeutlicht, wie sie die Charakteristika *Vernetzung*, *Interaktivität*, *Aktualität* und *Individualität* aufgreifen und zur Optimierung integrierter Online-Kommunikation nutzen.

Instrument	Funktion
Multichannel-Tracking	Nachträgliche Erfolgsmessung über Klick- und Konversionsrat. + Trotz *Vernetzung* der Kanäle eindeutige Erfolgsmessung einzelner Kanäle + Beugt Mehrfachvergütung der Affiliate-Partner vor
Attributions-Modelle	Nachträgliche Erfolgsmessung über *interaktive* Customer-Journey + Trotz Wirkungsdependenzen Erfolgszurechnung möglich. + Customer-Journey wird analysiert + Berechnet Wertschöpfungsbeitrag der Kanäle + Bietet Grundlage für zukünftige Budgetverteilung
Bid-Management	Angebotssteuerung und Optimierung von Keywords zu *aktuellen* Klickpreisen innerhalb des Suchmaschinenmarketings. + Kostensenkung + Effiziente Keyword-Auswahl + Verbesserung der Klickrate + Zeitersparnis
User-Centered-Advertising	Angebotssteuerung und Optimierung von Werbeplatzierungen (Banner, Displays etc.). Relevante und *individuelle* Werbeplatzierung durch Kundenanalyse vermeidet Streuverluste. + Kostensenkung + Zeitersparnis + Zielgerichtete individuelle Kommunikation + Verbesserung der Klickrate + Gesteigerte Werbeleistung

Tabelle 1: Funktionen der beschriebenen online-bezogene Erfolgsmessung von *IntelliAd*. [42]

---

[41] Vgl. Intelli AD Media GmbH (o.J.c), S. 2f.
[42] Eigene Darstellung

4 Zusammenfassung und Fazit

Das Internet und seine Kommunikationskanäle sind mittlerweile fester Bestandteil integrierter Kommunikationskonzepte. Immer mehr Unternehmen nutzen Online-Kanäle, um ihre Botschaften bei den Rezipienten zu platzieren, doch nur wenige sehen die Relevanz der Erfolgsmessung. Fester Bestandteil integrierter Kommunikation ist, laut *Bruhn*, jedoch eine Erfolgskontrolle der Kommunikationsaktivitäten. Eine Überprüfung mittels Feedback der Nutzer oder Interpretation der subjektiven Wahrnehmung können jedoch nicht als ausreichende Maßnahmen verstanden werden.

Diese Nachlässigkeit seitens der kommunizierenden Unternehmen ist sicherlich auf die Kernproblematik integrierter Kommunikation zurückzuführen. Die von der Integration verschiedener Kanäle ausgehenden Wirkungsdependenzen und daraus resultierenden Schwierigkeiten der Wirkungszurechenbarkeit können derzeit nur wenige Mess-instrumente berücksichtigen. Viele Technologieanbieter offerieren bereits Messinstru-mente für Online-Kommunikation. Diesen gelingt jedoch oftmals keine separate Erfolgszurechnung, bedingt durch die starke Integration der Kanäle innerhalb des Kommunikationskonzepts. Die Folge sind falsche oder unzureichende Analysen der Kommunikations-Erfolge. Ferner liefern genannte Messinstrumente meist nur Tracking-Daten über die Klickanzahl, nicht aber über die Qualität der Konversion des Nutzers. Demnach fehlt diesen Tools die Grundlage für Optimierungsansätze der Botschaft oder des Kanals.

Ziel war es daher die Charakteristika integrierter Online-Kommunikation herauszustellen und die relevanten Messgrößen zu bestimmen. Auf Basis dessen sollte ein Praxisbeispiel vorgestellt werden, welche diese Besonderheiten in der Erfolgsmessung berücksichtig und zudem Verbesserungsoptionen anbietet. Als Charakteristika der Online-Kommu-nikation konnten im Theorieteil die *Interaktivität* des Kunden mit dem Werbemittel, die Möglichkeit der *Individualisierung* von Kommunikationsinhalten für den Kunden, die Notwendigkeit ständiger *Aktualität* der Kanäle und Botschaften sowie die *Vernetzung* der Botschaften untereinander identifiziert werden. Daraus leiten sich die relevanten Mess-größen der *Klick- und Konversionsrate* ab, welche ein Messinstrument einbeziehen muss, um Aussagen über den Erfolg der Kommunikationsaktivitäten machen zu können. Diese sind wichtig, um die Budgetverteilung der Kanäle zu optimieren und somit die Reichweite und Wirkung der Botschaft zu maximieren. Der Technologiedienstleister IntelliAd bietet neben der separaten Erfolgsmessung eingesetzter Kanäle auch Optimierungsinstrumente an und wurde daher als Praxisbeispiel gewählt. Hierbei wurden die Instrumente *Multi-channel-Tracking, Attributions-Modelle, Bid-Management* und *User-Centered-Advertising* vorgestellt. Es konnte festgestellt werden, dass diese Werkzeuge alle zuvor genannten Charakteristika integrierter Online-Kommunikation berücksichtigen und als Basis weiterer Optimierungsmaßnahmen nutzen.

Es kann demnach festgestellt werden, dass durchaus qualifizierte Anbieter auf dem Markt bestehen und eine Erfolgsmessung integrierter Online-Aktivitäten, trotz der speziellen Charakteristika und der Kernproblematik integrierter Kommunikation, erfolgen kann. Über dies gibt es die Möglichkeit auf Basis der erhobenen Daten einen Optimierungsansatz zu bieten, welcher die Reichweite und Wirkung der Maßnahmen steigert. Es ist jedoch auch anzumerken, dass die Mehrzahl aller Anbieter dies aktuell noch nicht anbieten. Überdies besteht weiterhin ein großer Forschungsbedarf hinsichtlich praxisrelevanter Messinstrumente und Optimierungsansätze. Sollte dieser zukünftig nicht weiter verfolgt werden bleibt eine Sensibilisierung des Themas „Erfolgsmessung integrierter Online-Kommunikation" seitens der Unternehmen weiterhin fraglich und die Umsetzung integrierter Online-Kommunikation auch zukünftig mangelhaft.

Quellenverzeichnis

Beck, K. (2010): Soziologie der Online-Kommunikation, in: Beck, K.; Schweiger, W. (Hrsg.): Handbuch Online-Kommunikation, Wiesbaden: Springer, S. 15-35.

Beck, K.; Schweiger, W. (2010): Handbuch Online-Kommunikation, Wiesbaden: Springer.

Brengelmann Online Marketing (2013): Tracking im Online Marketing Glossar, online verfügbar unter: http://www.brengelmann.net/online-marketing-glossar/tracking.html, zuletzt geprüft am: 12.12.2013.

Bruhn, M. (2009): Integrierte Unternehmens- und Markenkommunikation, 5. Aufl., Stuttgart: Schäffer-Poeschel.

Bruhn, M. (2006): Integrierte Kommunikation, in: Schmid, B. F.; Lyczek, B. (Hrsg.): Unternehmenskommunikation, Wiesbaden: Gabler, S. 489-532.

Bruhn, M. (2005): Erfolgskontrolle der Integrierten Kommunikation, Wiesbaden: Gabler.

Bruhn, M.; Stumpf, M. (2010): Entwicklungsstand der Integrierten Kommunikation in Unternehmen – Forschungsstand, empirische Befunde, Bewertungsansatz, in: International Journal of Marketing.

Bruhn, M.; Stumpf, M. (2008): Integrierte Kommunikation – Ein Bewertungsmodell für Communication Excellence, in: Marketing Review St. Gallen, Vol. 1, St. Gallen.

Daidrich, K. (2013): Wie Aktivitäten im Social Web mit regelmäßigem Monitoring zum Erfolg führen, in: Absatzwirtschaft online, online verfügbar unter: http://www.absatzwirtschaft.de/content/wie-aktivitaeten-im-social-web-mit-regelmaessigem-monitoring-zum-erfolg-fuehren;80169, zuletzt geprüft am: 09.12.2013.

Esch, F.-R. (2011): Wirkung integrierter Kommunikation, 5. Aufl., Wiesbaden: Gabler.

Esch, F.-R. (2001a): Aufbau starker Marken durch integrierte Kommunikation., in: Esch, F.-R. (Hrsg.): Moderne Markenführung, Grundlagen- Innovative Ansätze- Praktische Umsetzung. 3. Aufl., Wiesbaden: Gabler, S. 599-635.

Esch, F.-R. (2001b): Moderne Markenführung, 3. Aufl., Wiesbaden: Gabler.

Fischer, T. (2006): Unternehmenskommunikation und neue Medien. Wiesbaden: Deutscher Universitäts-Verlag.

Ghose, A.; Yang, S. (2010): Modeling Cross-Category Purchases in Sponsored Search Advertising, Working-Paper.

Intelli AD Media GmbH (2013a): Customer Journey in der Praxis – Chancen und Herausforderungen für Online-Marketer, Wiesbaden.

IntelliAd Media GmbH (2013b): Unternehmen, online verfügbar unter:

http://www.intelliad.de/unternehmen/unternehmen.html, zuletzt geprüft am: 09.12.2013.

Intelli AD Media GmbH (2013c): Whitepaper: Attribution Modelling.

Intelli AD Media GmbH (o.J.a): Bid-Management Factsheet.

Intelli AD Media GmbH (o.J.b): Multichannel-Tracking Factsheet.

Intelli AD Media GmbH (o.J.c): User-Centered-Advertising Factsheet.

Kester, M. (2006): Affiliate-Marketing für B2C-Online Shops, Norderstedt: Books on Demand GmbH .

Kilian, T.; Langner, S. (2010): Online-Kommunikation, Wiesbaden: Gabler.

Lee, D. H.; Park C. W. (2007): Conceptualization and Measurement of Multidimensionality of Integrated Marketing Communications, in: Journal of Advertising Research, Vol. 11, S. 222-236.

Neue Mediengesellschaft Ulm mbH (2013): Conversion Rate, online verfügbar unter: http://www.internetworld.de/Nachrichten/Conversion-Rate, zuletzt geprüft am: 10.12.2013.

Onlinemarketing-Praxis (o.J.a): Qualifizierte Kontakte – mehr als nur Klicks, http://www.onlinemarketing-praxis.de/erfolgsmessung/qualifizierte-kontakte-mehr-als-nur-klicks , zuletzt geprüft am: 10.12.2013.

Onlinemarketing-Praxis (o.J.b): Real-Time-Bidding (RTB), online verfügbar unter: http://www.onlinemarketing-praxis.de/glossar/real-time-bidding-rtb, zuletzt geprüft am: 12.12.2013.

Projecter GmbH (2013): Cookie Weichen im Affiliate-Marketing, online verfügbar unter: http://www.projecter.de/affiliate-blog/cookie-weiche-im-affiliate-marketing.html, zuletzt geprüft am: 12.12.2013

Rürup, M. (2010): Was die Konversion treibt, in: Internet World Business, Vol. 18, (10), S. 14.

Schmid, B. F.; Lyczek, B. (2006): Unternehmenskommunikation, Wiesbaden: Gabler.

Siegert, G. (2010): Online-Kommunikation und Werbung ,in: Beck, K.; Schweiger, W. (Hrsg.): Handbuch Online-Kommunikation, Wiesbaden: Springer, S. 434-460.

Springer Gabler Verlag (o.J.a): Stichwort: Ad-Click, online verfügbar unter: http://wirtschaftslexikon.gabler.de/Archiv/81535/adclick-v11.html , zuletzt geprüft am: 10.12.2013.

Springer Gabler Verlag (o.J.b): Stichwort: Conversion Rate, online verfügbar unter: http://wirtschaftslexikon.gabler.de/Archiv/81543/conversion-rate-v7.html, zuletzt geprüft am: 10.12.2013.

Virtual Identity AG (2013a): Es fehlt an ganzheitlichen digitalen Strategien, in: Absatzwirtschaft online, online verfügbar unter: http://www.absatzwirtschaft.de/content/online-marketing/news/es-fehlt-an-ganzheitlichen-digitalen-strategien;81055, zuletzt geprüft am: 09.12.2013.

Virtual Identity AG (2013b): Studie: Von Social Media zum Digital Footprint Management – Sind Unternehmen auf ihre digitale Zukunft vorbereitet, Freiburg.